Die Jahreszeiten des Lebens

Ute Holm

Die Jahreszeiten des Lebens

Bibliografische Information der Deutschen Nationalbibliothek
Die Deutsche Nationalbibliothek verzeichnet diese Publikation in der
Deutschen Nationalbibliografie; detaillierte bibliografische Daten sind
im Internet über http://dnb.d-nb.de abrufbar.

© 2013 Ute Holm
Umschlagdesign, Satz, Herstellung und Verlag:
BoD – Books on Demand

ISBN 978-3-8482-6949-5

Inhalt

Vorwort

Es handelt sich bei diesem Buch um die einzelnen Entwicklungsstufen im Leben, die wir sehr oft als Normalität annehmen oder in bestimmten Lebensphasen sogar als eine Bedrohung empfinden. Es werden viele Bereiche angesprochen, die oftmals erst im Zusammenhang einen Sinn ergeben. So stellt man sich die Frage: Warum gerade bei mir so ein Chaos im Beruf oder in der Partnerschaft? Warum bin ich so oft krank? Warum läuft bei mir so viel schief?

So werden immer fünf Säulen unserer Person beschrieben, die sich auch als unsere inneren Werte beschreiben lassen, die nicht getrennt werden können, weil sie uns ausmachen und unser ganzes Leben bestimmen. Finden wir Defizite in der menschlich emotionalen Ebene, schwankt automatisch auch die beruflich finanzielle oder materielle Ebene. Die geistige und körperliche Ebene steht als Basis und steuert alle zuvor beschriebenen Ebenen. Alles beginnt also mit der Zeugung und der Geburt des bereits gewordenen Kindes.

Von hier aus gilt es die Lebensveränderungen bis ins hohe Alter anzunehmen, die sich immer durch schwierige Situationen abzeichnen, um auf sich aufmerksam zu machen, nur so lässt sich erkennen, was zu bearbeiten ist. Alles, was geschieht, ist natürlich und sollte auch im Sinne der Natur gesehen werden. Die äußerliche Natur zeigt uns durch die Jahreszeiten, wie weit wir den Naturgesetzen unterliegen und oftmals vieles gegen die natürlichen Abläufe tun. Wir Menschen verdrängen gerne Dinge und Situationen und setzen alle Hilfsmittel ein, die uns zur Verfügung gestellt werden, um zu vergessen, zu verdecken und einfach nicht wahrhaben wollen.

Angefangen von den einfach erhältlichen kosmetischen Pflegeprodukten oder den anderen Drogen, die alle Wunden und Fältchen heilen sollen, die uns an das bereits gemeisterte Leben erinnern.

Die Entwicklung

Man ist sich nicht bewusst, dass wir aus lebenden Zellen bestehen und alle zu unserem Körper gehörenden Zellen und Organe aufeinander abgestimmt sind und in Symbiose zu unserem Gehirn stehen und dadurch erst das leisten können, was wir so täglich tun. Lehnen wir also bestimmte Körperregionen ab, ist das eine Beleidigung für den gesamten Körper. Jede Weiterentwicklung bringt auch Veränderungen innerhalb des Denkens oder der Figur, der Haut mit sich. So ist auch die Weiterentwicklung in allen anderen Bereichen zu sehen.

Jede Schwangerschaft hinterlässt ihre Spuren, die man aber in dem Fall sehr gerne auf sich nimmt. Man freut sich auf das neue Leben, was entsteht, wie es wohl weitergeht.

Die Basis zur Gesunderhaltung ist die Nahrungsaufnahme, die von dem Neugeborenen zu regelmäßigen Zeiten meist 3 bis 4 Mal angefordert wird. Die Stillzeit nach der Geburt ist maßgebend. Jeder Mensch hat seinen eigenen Rhythmus, dem er folgen sollte. Als Mutter stellt man sich auf das Neugeborene ein und findet die Ruhe zu den Mahlzeiten. Da der Alltag, die Berufstätigkeit der Eltern, oftmals sehr stressig verläuft und sich das Kind zwangsläufig den Gegebenheiten anpassen muss. Die Nahrungsaufnahme verschiebt sich oder die Eltern lassen einfach Mahlzeiten ausfallen. Die Mahlzeiten werden als Muss so nebenbei eingenommen. Der natürliche Vorgang und die dazugehörige Empfindung, ich habe Hunger, wird ausgeschaltet. Ich will nicht dick werden, ist die Begründung vieler Heranwachsenden, denen man dieses im Elternhaus vorlebt. Gesundheitliche Störungen, die sich wieder auf allen Lebensbereichen abzeichnen und viele weitere Entwicklungsstufen nur schwer zulassen. Menschen, die sich bei den Mahlzeiten ablenken, zum Beispiel durch fernsehen, lesen und so weiter, essen unkontrolliert und zu viel, was sich dann später durch Übergewicht und Trägheit zeigt und nicht selten behandlungsbedürftig wird.

Traue deinem Kind

Es ist gesund geboren und hat den großen Wunsch, die Welt zu entdecken. Die ersten Geh- und Sprachversuche werden von allen begrüßt. Wieder entwickelt sich das Kind weiter und alle helfenden Hände sind aktiv. Das Kind darf dieses oder jenes nicht alleine, es ist zu gefährlich. Später kann das Kind sein Zimmer nicht aufräumen, oder alles alleine finanzieren, oder was auch immer ansteht. Begleitet man das Kind bei all den anstehenden wichtigen Alltagsdingen, die ja täglich mehr werden und den Kindern auch lehren, Verantwortung für sich und Andere zu übernehmen, gibt man dem Kind die Möglichkeit, sich zu beweisen. Ich kann das. Das Selbstwertgefühl steigt und das Kind hat weniger Angst vor neuen Aufgaben, die in der Schule anstehen, und es entwickelt Eigeninitiative, um Gedanken und Ideen umzusetzen, was sehr wichtig ist, zum Beispiel bei der Berufswahl. Kindern, denen man alles abnimmt, fehlen viele wichtige Entwicklungsprozesse, unter anderem auch Fehler zu machen, um sie selbst wieder zu regulieren. Eltern wollen für ihre Kinder immer das Beste und tun aus dem Grunde oft zu viel für sie. Das Ergebnis ist, dass sie die Kinder in die Abhängigkeit bringen. So macht man sich als Eltern bei den Kindern auch unentbehrlich. Besser ist es, die Kinder in ein selbstständiges Erwachsenenleben zu führen, in dem sie mit beiden Beinen fest auf dem Boden stehen und ihr Leben alleine meistern können. Jedes gesunde Kind hat das natürliche Bestreben, selbst zu laufen, in allen anstehenden Lebensfragen eigenständige Antworten und Entscheidungen treffen zu können. Als Eltern muss man lernen die Kinder loszulassen und ihnen die Verantwortung für ihr Leben geben, denn es ist ihr Leben und nicht mehr das Leben der Eltern. Die richtige Unterstützung ist, das Kind in allem, was ansteht, aufzubauen: »Du schaffst es, gehe so weiter.« »Das lasse mal, ich mache das schon«, hilft da wenig. Es macht auch die Eltern stolz, ein so starkes Kind zu haben, sich keine Sorgen machen zu müssen, wie geht es nur weiter, wenn ich nicht mehr bin.

So gestärkte Heranwachsende haben Ziele und Wünsche, die sie bereit sind, sich selbst zu erarbeiten. Das Studium oder die Berufswahl stellt keine Probleme dar, denn man weiß schon, was man will. Der erforderliche Ehrgeiz ist geweckt, und die Ziele sind schnell erreicht. Es geht immer geradeaus und Schwierigkeiten sind schnell behoben. Der selbst gewählte Beruf ist dann die Basis für das weitere Leben, für Partnerschaft und Familiengründung. Es ist gerade auch für die Frau wichtig, einen gelernten Beruf zu haben, der ihr immer die Sicherheit im Leben gibt, wenn es mal mit der Partnerschaft nicht so funktioniert. Selbst wenn man viele Jahre nicht in diesem Beruf gearbeitet hat, bietet alleine die Tatsache, etwas gelernt zu haben, eine Weiterbildungsgrundlage, und mit dem festen Willen, beruflich tätig zu werden, kommt man dann sicher weiter. Es ist sehr wichtig, am Puls des Lebens teilzuhaben, nicht stehen zu bleiben, nicht aufzugeben, wenn es mal schwierig wird. Durch diese Lernprozesse bekommt man wieder seine Wertigkeit zurück, die eventuell einmal auf einer langen Lebensstraße stehen geblieben ist. Neue Ziele bringen Bewegung in das Leben, man weiß wieder, wer man ist, was man ist und kann. Gleich starke Partner gehen besser miteinander um, akzeptieren sich als Persönlichkeiten, die sich viel zu sagen haben. Die durch den Beruf gewonnene Selbstständigkeit bedeutet ja nicht das Aus für die Familie, selbstsichere Menschen haben viel Vertrauen zueinander und oft auch gute Umgangsformen, die zur Harmonie führen. Der Beruf steht für die Sicherheit eines jeden Menschen, egal in welcher Lebensform er gerade ist. Durch große Lebenseinschnitte bekommt der Beruf eine ganz neue Bedeutung, er ist lebenswichtig. Ein Job ist zwar auch schon was, reicht aber von den Finanzen nie aus, alle Lebensbedürfnisse abzudecken. Aber ein erlernter Beruf ist immer dann für sie da, wenn er gebraucht wird. Er lässt sich durch Weiterbildung neu entdecken und bringt auch bis ins Alter neue Perspektiven und Anerkennung und neue Menschen, sodass einem langen schönen, aktiven Leben nichts im Wege steht. Die aktive berufliche Tätigkeit bedeutet auch, sich diszipliniert und aktiv und fit dem Leben zu öffnen. Der Urlaub steht einem ja immer zu. Mit der richtigen Einstellung zum Leben öffnen sich auch im Alter die Türen, man muss es nur wollen.

Wer sich zu früh in den Ruhestand begibt, oder sich als älter werdender Mensch zu viel Hilfe holt, läuft auch Gefahr, sich aufzugeben. Je mehr man im Leben selbst leistet und sich bis ins hohe Alter selbst fordert, setzt sich auch bei der Jugend durch, zeigt seine Stärke, wird ernst genommen und schafft sich auch die Freiheiten, die er braucht, um eventuelle neue Projekte umzusetzen. Wer in seinem Leben viel gelernt hat, hat immer alle Möglichkeiten, aktiv zu bleiben, und schafft sich somit auch die finanzielle Freiheit, alles das, was mal aufgebaut wurde, erhalten zu können.

Um bis ins hohe Alter gesund zu bleiben, gibt es einiges an Möglichkeiten, aber das Wichtigste ist die Ehrlichkeit und der feste Glaube an sich selbst, es wirklich zu wollen. Leider flüchtet man sich auch schon mal schnell in eine Krankheit, um die Aufmerksamkeit von Anderen zu bekommen oder weil das Alter es so vorgibt. Man kann auch positive Gedanken fördern, sich selbst aufbauen, wenn das Leben einen mal zu sehr gefordert hat. Denn es ist nicht immer die Arbeit, die einem das Leben erschwert, sondern es sind vielmehr die nicht bereinigten persönlichen Situationen, die nicht verarbeitet wurden.

Die Erbstrukturen

In der weiblichen Eizelle, die als größte Zelle bekannt ist, befindet sich schon ein entsprechendes Erbgut, was zusammen mit der Samenzelle, dem Erbgut des Mannes, zum Leben erweckt wird. Die Entwicklung beginnt. Diese Zusammenführung der Erbanlagen bestimmt den weiteren Weg des Lebens von der Geburt bis zum Ende des Lebens. Es ist wie ein Programm, nach dem wir unseren weiteren Weg gehen. Eben das besagte Päckchen, was jeder zu tragen hat und was einem keiner abnehmen kann. Da muss jeder durch. Den Einen plagen Süchte, den Andern die Schuldgefühle, die Krankheit oder die ewige Geldnot. Was es auch sei, wir bringen es mit.

Wie soll man jetzt damit umgehen, woher weiß ich, was für ein Päckchen ich habe?

Es kristallisiert sich sehr schnell heraus, was es ist, die Charaktereigenschaft eines Kindes gilt es zu erkennen. Der Umgang mit dem jungen, noch formbaren Menschen ist ganz wichtig und erfordert viel Sensibilität der Eltern. Ein noch nicht sprechendes Kind zu verstehen fordert die Eltern oftmals extrem. Stellt man sich als Eltern dieser Verantwortung, stellt man die eigenen Belange zurück. Das heißt, die Mahlzeiten und die Schlafphasen des Kindes einzuhalten, Kinder nicht ständig aus dem Schlaf zu nehmen und so weiter, es handelt sich hierbei um ganz einfache Dinge, die man selbst nicht so gerne hätte, würde man sie von einem verlangen. Der Umgang mit uns selbst prägt also auch den Umgang des Kindes. Nimmt man es mit sich selbst nicht so genau, bleibt das Kind auf der sogenannten Strecke. Es fehlen ihm dann die Werte, die sein weiteres Leben prägen. Je mehr man als Eltern den Kindern mitgeben kann, zum Beispiel an Pflichtbewusstsein, oder an Wissen oder sozialem Verhalten, desto besser und einfacher ist die Weiterentwicklung des Kindes. Es ist einfach da und muss nicht mehr erarbeitet werden beziehungsweise bestimmt auch den Lern- und Berufsweg. Und so wiederum die finanziellen Befindlichkeiten, die Arbeitsmoral und vieles mehr. Das alles erreicht man aber nur dann, wenn dem Kind auch die Möglichkeit gegeben wird, sich und seine Welt zu entdecken. Das heißt, dass man ihm viele Dinge, die anfänglich begleitet gemacht werden, später selbst und eigenständig überträgt, ihm also vermittelt, ich weiß, dass du es kannst, also mache es. Es ist egal, um welche Tätigkeit es sich handelt. Sich also auf ein Kind einzulassen heißt auch, ihm zu erklären, warum etwas gemacht werden muss. Nimmt man dem Kind alles ab, so nach dem Motto, ich mache das schon, dann geht es schneller, oder es ist doch noch so klein und kann das noch nicht, ist eine Hilfe, die keine Hilfe ist. Man nimmt dem Kind die Möglichkeit, zu zeigen, was es kann. Es ist immer der richtige Zeitpunkt, wenn das Kind es selbst signalisiert, ich will das tun. Alleine laufen, helfen beim Aufräumen und so weiter. Das ist mit der Sensibilität gemeint, sich auf das Kind und das, was es will, einzustellen, es zu fördern in dem, was seiner Idee entspricht. Ebenso sollte ein glattes Nein folgen, wenn es sich um Dinge handelt, die mit Gefahren verbunden sind, aber mit der Erklärung, warum genau das nicht geht.

Damit Kinder ihre Grenzen kennen, ist es sehr wichtig, selbst sehr konsequent zu sein, ein Ja ist ein Ja. Und ein Nein ist ein Nein. Ein Vielleicht ist nichts, und das Kind fängt an die Eltern gegenseitig auszutesten und es weiß genau, von wem es was bekommt.

All diese kleinen und großen Bausteine ergeben wieder, wie sich das Kind in fremder Umgebung gibt, es folgen ja die Kindertagesstätte, die Schule, die höhere Schule, die Lehrjahre, die Arbeitswilligkeit. Die eigene Konsequenz stellt sich hier dar. Ist mein Kind zielstrebig, weiß es, was es will, der Beruf steht schon früh fest, weil im Elternhaus auch über solche Dinge geredet wird, und der Studienweg wird nicht gewechselt, es passt. Ebenso zielstrebig ist der weitere Lebens- und Berufsweg. Man hat es geschafft, aus dem damals Kleinkind eine gefestigte Person zu machen, die gefestigt durchs Leben geht und alles das schafft, was sie sich vorgenommen hat. Die Beruhigung aller Eltern. Versäumnisse auf einer dieser Ebenen führen zu ständigen Sorgen, die die Gesundheit aller Beteiligten beeinträchtigen kann. So entstehen Abhängigkeiten, Süchte und Nöte auf vielen Ebenen führen zur Unzufriedenheit.

Der Beruf ist die allerwichtigste Grundlage im Leben eines Menschen, er ernährt und begleitet uns in allen Lebenslagen.

Es ist etwas geschaffen worden, auf das man zurückgreifen kann.

Die geistige Nahrung ist gegeben und zeichnet sich jetzt wieder im Ideenreichtum und dessen Umsetzung ab. Viele Interessengebiete führen zu weiteren Zielen, Reisen und allgemeiner Weltoffenheit, höflichen Umgangsformen und guten ehrlichen Geschäften oder Berufsabwicklungen. Hier greift eins ins andere, das, was man mitbekommen hat, wächst und gedeiht immer. Es ist ein guter, positiv denkender Mensch dahinter, der seinen Erfolg sieht, ihn nachvollziehen kann. Hier ist kein Platz für Trauer und Depression. Dieser Mensch steht jetzt in seiner Blüte und genießt das Leben. Die Sonnenseite ist ihm sicher. Der normale Alltagsstress ist kein Problem, ihm wird nichts zu viel, weil er weiß, wo er steht, was er kann.

Er hat das Geld auf der Habenseite. Geld definiert sich auch in Gewinn:

Erfolg
Lohn
Dank
———
Geld
═══

Der Gewinn ist das alles, was er Gutes im Elternhaus erfahren hat, ebenso die Menschen, die ihn im Beruf begleiten und ihm die Möglichkeit zum Erfolg geben, die Belohnung, die sich in der Bilanz zeigt und der Dank in Form von Anerkennung an sich, für diese stolze große Leistung, die sich wiederum in der Anerkennung von Kollegen, Chef als Lob widerspiegelt.

In genau diese Blütezeit fällt in der Regel die eigene Familiengründung, die dann, weil selbst so erlernt, wieder weitergegeben wird. Man ist Vorbild für die Kinder.

Macht man sich zu jung zu Eltern, fehlen viele Grundlagen für eine gute Begleitung des Nachwuchses. Alles, was man erlernt, prägt sich ein, es wird in der Zelle gespeichert. Es gehört zu einem, es macht den Menschen aus. Meinem Kind soll es mal besser gehen als mir, beginnt mit der geistigen Nahrung, die meist auch immer zu einer gesunden makroskopischen Ernährung führt und nicht in der Magersucht endet.

Gefestigt und stabil zu sein bedeutet auch immer eigene Wege zu gehen, sich nicht ständig von Anderen beeinflussen zu lassen und mitzulaufen oder nur abzuhängen.

Es ist sicher auch nicht einfach, den richtigen Zeitpunkt für die Lösung der Kinder zu finden, so schwer es auch fällt, aber es muss sein. Die Voraussetzungen dafür setzen die Eltern durch die Gespräche, und es sollte der Beruf sein, der als Fundament die finanzielle Situation des Jugendlichen so stabilisiert, dass er die neue Lebenssituation selbst finanzieren und meistern kann.

Es folgt eine erfolgreiche Zeit, in der man sich wieder weiterentwickelt, eigene partnerschaftliche Bindungen eingeht und sich auch in allem festigt, was man sich aufgebaut hat.

Die Wechseljahre

Und so im Laufe des Lebens stellt sich eine Phase ein, die man nicht so gerne annimmt wie die zuvor genannten Blütezeiten. Es ist der Beginn der großen Ausreinigung, auch die Zeit, die wir bewusst als die Wechseljahre bezeichnen. Wir nehmen sie bewusster wahr, weil sie für viele Menschen mit Stimmungsschwankungen, Unzufriedenheiten, Unwohlsein oder auch Krankheitsphasen verbunden sind. Das Unterbewusstsein öffnet so nach und nach seine Türen, die wir mal in unserer Vergangenheit verschlossen haben, aufgrund von Verletzungen, die wir durch andere Menschen erlitten haben, oder den eigenen Abhängigkeiten, die wir Anderen angetan haben. Durch die negativen gespeicherten Gedanken werden die körperlichen Schmerzen ausgelöst, um uns aufmerksam zu machen, dass etwas bearbeitet werden sollte. Man sollte sich also die Zeit nehmen und nach dem Warum fragen. Die möglichen psychologischen Gespräche oder Rückführungen führen zu guten Erfolgen und sollten genutzt werden. Jede Depression ist eine Ausleitungsphase und eigentlich das Beste, was einem passieren kann. Richtig damit umgegangen, ist sie schnell Schnee von gestern. Es sind ganz natürliche Vorgänge, die durch Schmerzen angezeigt werden, denn der Körper setzt immer Zeichen, wenn etwas nicht stimmt. Zum Beispiel bei dem

Hungergefühl; was passiert, der Magen knurrt. Ignorieren wir dieses Signal, reagiert der Körper mit Kreislaufproblemen und Übelkeit, reagieren wir dann immer noch nicht, führt das in die Unterzuckerung und den Kreislaufkollaps. Alle unsere Organe stehen in enger Beziehung zum Gehirn, dem Zentralnervensystem, was alle körperlichen Reaktionen steuert. Auf diesem Weg stellen sich auch alle zuvor beschriebenen Symptome ein und können auch auf diesem Wege bearbeitet werden. Ist man dann noch in der Lage, sich und den anderen Menschen oder Situationen zu verzeihen, hat man viel erreicht und man kann gereinigt die reife Zeit genießen. Die Wechseljahre können je nach Konstellation bis zu 20 Jahren dauern, die man aber mit der richtigen Einstellung und der entsprechenden Begleitung gut durchlaufen kann. Wichtig ist, zu erkennen und mit Konsequenz Veränderungen zuzulassen, Altes wirklich gehen zu lassen, dazu gehören manchmal große Lebensveränderungen, die einem unangenehm sind, die man nicht so gerne zugibt und durchführt aus Angst, es alleine nicht schaffen zu können, weil die eigene finanzielle Situation nicht gegeben ist. Spätestens hier bekommt der eigene erlernte Beruf noch einmal seine Bestimmung. Hier liegt Ihr eigenes Fundament, auf das man aufbauen kann, das, was man einmal erlernt hat, vergisst man nicht. Die Zellen unseres Köpers einschließlich unserer Organe vergessen niemals etwas. Es ist ein großes Geschenk der Natur, uns diese Ausreinigung zu ermöglichen, denn die Natur ist durch ihre Selbstheilungskräfte immer in der Lage, sich selbst zu helfen, und auch immer bestrebt, sich selbst zu erhalten. Wir sind ein großer Teil der

Natur, denn alles an uns, jede einzelne Zelle, aus der wir bestehen, lebt und hat es verdient, gut behandelt zu werden, angenommen zu werden, mal ein Dank zu hören und nicht nur Unzufriedenheiten anzunehmen. So sollten wir unser Spiegelbild annehmen und nicht nur korrigieren, den Körper verändern. So ist es normal, mit zunehmendem Alter das eine oder andere Fältchen oder auch die etwas rundlich gewordene Figur zu akzeptieren. Denn Weiterentwicklungen sind nur mit dem Älterwerden möglich und ziehen so auch die dafür nötigen figürlichen Veränderungen, ebenso die geistigen Reifegrade nach sich. Akzeptiert man die Veränderungen im Laufe seines Lebens, ist es durchaus möglich, ein hohes Alter zu erreichen und dabei fit und gesund zu bleiben, das Leben noch einmal neu zu entdecken und auch von der Umwelt als reifer Mensch akzeptiert zu werden. Als gesundheitsprophylaktische Maßnahme ist die richtige, ehrlich gemeinte Lebenseinstellung und die Ausreinigung der negativen Gedanken als Eigenleistung zu sehen, denn keiner kann für einen denken oder das Leben meistern und keiner außer man selbst kennt sich und die Situationen besser. Man steht mit beiden Beinen mitten im Leben, wenn man sich auch im Alter die Kontrolle nicht nehmen lässt und alle seine Belange selbst regelt und sich bei allen Anliegen selbst durchsetzt: Wohnsituation, Finanzsituation usw. Die Selbstheilungsprozesse stellen immer extrem hohe Ansprüche an den Körper und werden nicht selten zur Dauerbelastung, die mit vielerlei Symptomen einhergehen. Es ist also immer ratsam, die angebotenen Vorsorgeuntersuchungen anzunehmen und die regelmäßigen Arztbesuche wahrzunehmen.

Die Gesundheit steht immer vor der Schönheit

Es ist gerade heute ein besonders Thema, gesund und schön durchs Leben zu gehen. Am liebsten wäre es uns, alles auf einmal zu haben. In der Jugend ist es sicher keine große Frage, denn die Haut zeigt uns ein straffes Gewebe, ein rosiges Aussehen und noch keine Fältchen. All das ändert sich relativ schnell mit zunehmendem Alter, die Lebensweisen haben sich geändert, man fängt an, seinen Körper zu manipulieren, Diäten folgen gegen die ersten Figurveränderungen, die aber mit dem Alter einfach kommen und irgendwie dazugehören und mit den entsprechenden sportlichen Maßnahmen noch gut zu regulieren sind. Man genießt zu viel an Sonne, gegen die Blässe, die man sich eventuell durch eine falsche Ernährung oder zu viel an Noxen sprich Nikotin oder Alkohol und andere Drogen zugeführt hat. All das schleicht sich unbewusst ein und lässt die Haut dementsprechend unklar, müde und trocken aussehen. Es gilt also zunächst, sich seiner Lebensgewohnheiten bewusst zu werden und diese mit Konsequenz und dauerhaft zu ändern. Man hilft dem Körper bei dieser Reinigung, indem man sich bewusst und regelmäßig ernährt, genügend Flüssigkeit zu sich nimmt, einer geregelten Sportart nachgeht. Hierzu sollte der Arzt befragt werden, denn nicht jede Sportart ist für jeden gleich gut, vor allem dann, wenn schon gesundheitliche Probleme aufgetreten sind. Die Haut ist das größte Ausscheidungsorgan und reagiert auf kleinste Veränderungen sofort. So verschiebt sich der Säureschutzmantel der Haut und man empfindet eine trockene oder fette Haut, die dann wieder durch kosmetische Präparate korrigiert werden kann. Ganz ist dieser Prozess aber erst dann abgewickelt, wenn die innere Reinigung mit Erfolg abgeschlossen wurde. Also, alles braucht seine Zeit, um auf der Haut einen dauerhaften Erfolg zu zeigen. Die kosmetischen Produkte können da nur begleitend zur Seite stehen. Selbst die hochwirksamsten Effektprodukte bringen nur kurze Zeit ein verbessertes Hautbild. Die eigentlichen Hautprobleme holen einen immer wieder ein, denn die Natur ist immer stärker als alles, was wir gegen sie unternehmen. Und es bleibt immer in unserer Verantwortung, auf welche Seite wir uns stellen, denn alles, was wir gegen unsere Gesunderhaltung tun, holt uns früher oder später ein. Der regelmäßige Besuch bei einer Kosmetikerin ist immer zu empfehlen und bringt einem neben den entspannenden Effekten auch die Informationen über die derzeitige Hautsituation und was an Produkten infrage kommt. Die gut ausgebildete Kosmetikerin berät einen gerne über Für und Wider bei der Auswahl an Effektprodukten zu den normalen Wirkstoffkosmetika, sodass man in der eigenen Verantwortung die richtige Entscheidung treffen kann. Gesundheit und die dazugehörige Ausstrahlung, Schönheit erarbeitet man sich selbst. Die Haut ist das Spiegelbild der Seele, die sich nicht durch dekorative Kosmetik überdecken lässt. Je gesünder ein Organismus ist, desto wohler fühlt man sich, desto positiver gestaltet man sein Leben und nimmt das Älterwerden mit all seinen Anforderungen mit Leichtigkeit, und es steht einem langen, aktiven Leben bis ins hohe Alter nichts mehr im Wege. All das entsteht in einem selbst, da kann kein Anderer so richtig helfen, denn nur man selbst kennt seine Situationen am besten, und nur man selbst kann sie ändern, wenn etwas nicht stimmt.

Der neue Lebensabschnitt beginnt mit der Neugestaltung und Planung des freien Lebensraumes, der strukturiert werden muss, hier sind die Hobbys gefragt, die Interessengebiete, die man schon immer gehabt hat oder die man neu entdeckt. Es gilt diese zu aktivieren, hier warten dann neue Herausforderungen, neue Menschen und Aufgaben, die so gesehen den Wandel zur beruflichen Tätigkeit vollziehen, einen ausfüllen und gleichzeitig die Ruhe geben, ohne Druck und Stress die Jahre zu genießen. Mit der Annahme der neuen Aufgaben kommt dann die Zufriedenheit auf. Hier hat Langeweile keine Chance. Die Reisen im Alter sind sicher sehr schön und sollten gemacht werden, aber wer vor sich und seiner Lebenssituation davonläuft, wird die wahre Ruhe nicht finden. Aktive Wandlung beginnt mit den Gedanken, wie will ich leben, was muss oder sollte ich ändern. Gereist ist man ja eigentlich auch schon während der beruflichen Tätigkeit. Denn der Urlaub war immer zur gegebenen Zeit da und wurde als solcher genutzt. Wer die Weiterentwicklungen annimmt, sich traut weiterzugehen, lebt im Sinne der Natur, die immer bemüht ist, sich zu erhalten. Wir sind ein lebender Teil der natürlichen Vorgänge und können sie mit unserem Willen erreichen und stehen in einem ständigen

Wandel begleitend zu ihnen, den Jahreszeiten, die wir mit unserem Sein durchleben. So ist es auch verständlich, dass uns viele Dinge im Frühjahr und Sommer gelingen, wir sehr aktiv an vielen Veränderungen arbeiten und der Herbst und Winter eher die Ruhe bringen, alles gelassener zu sehen.

Geschäftliche Tätigkeiten bis ins hohe Alter

Menschen, die bis ins hohe Alter einer selbstständigen Tätigkeit nachgehen, durchlaufen diese Höhen und Tiefen mit Leichtigkeit und der richtigen Einstellung zu dem, was sie tun. Gerade der beruflich finanzielle Bereich stellt hohe Ansprüche. Alles, was wir tun, hängt mit den alten Erbstrukturen zusammen, die sich bis ins Geschäftliche ziehen. War man nie im selbstständigem Bereich tätig, hat man sicher auch im Alter keinerlei Ambition, diesen Weg zu gehen. Lässt man sich in den Ruhestand fallen, könnte es sein, dass der Alterungsprozess relativ schnell einsetzt, man sich immer mehr einfache Dinge abnehmen lässt, man immer träger wird und es nicht mehr lange dauert, bis ein Anderer die Vollmacht übernimmt. Besser ist es, sich den Lebensherausforderungen so lange als möglich zu stellen, sich noch einmal überall durchzusetzen, die Kraft zu entwickeln, seine Persönlichkeit unter Beweis zu stellen. Schaffe ich all das noch einmal, wie sehen mich die entsprechenden Menschen, mit denen ich es zu tun habe? Wie glaubwürdig bin ich noch im Alter? Die Kontenklärung im großen Stil vornehmen, vor allem wenn es finanziell nicht so rosig aussieht, wie man es gerne hätte. Es ist zu schaffen, indem man sich, wenn nötig, in seinen Belangen sehr zurückfährt, das Konto im Rahmen hält, die Verbindlichkeiten streckt, das heißt, alles nach und nach begleicht. So zeigt man seine Geschäftsgröße, indem man mit den Firmen offen spricht und sich an die Absprachen hält. Firmen, die zu einem passen, kommen einem sehr entgegen. Die Firmen, die sich querstellen, sind dann zu meiden, so ist auch hier noch mal eine besondere Auslese getroffen. Nur durch die Negativerfahrung nimmt man Änderungen vor, die schon lange fällig gewesen wären. Selbstverständlich erwarten die Geschäftspartner von einem die gleiche Sicherheit und das Vertrauen in ihre Zahlungsfreiheiten, man weiß, dass gezahlt wird. So ist es immer möglich, ein Tief zu durchlaufen, ohne aufzugeben. Denn wer aufgibt, hat verloren.

Es gibt auch berufliche Tätigkeiten, die mit zunehmendem Alter getätigt werden können, denn Weiterentwicklung macht auch hier keine Ausnahme und bedeutet, sich noch einmal neu zu orientieren, etwas zu tun, was man zuvor nicht gemacht hat. Man lässt geistige Bereiche aktiv werden und setzt Dinge um, die einem die neue Kraft geben, mit Freude am Leben teilzuhaben. Man muss es nur wollen und tun. Hier findet man gleichgesinnte Menschen und immer mehr Interessen kommen ins Spiel. Wer die Einstellung vertritt, ich habe genug gearbeitet, sollte noch einmal überdenken, wie er leben möchte, denn Arbeit ist die eigentliche Aktivität, etwas zu tun, anerkannt zu werden, zu bleiben, mitreden zu können, dazugehören. Einfach handlungsfähig, geschäftsfähig, erwerbsfähig zu bleiben.

Wer es versäumt, sich in der Jugend entsprechend zu fordern, hat viele Defizite auf allen wichtigen Lebensebenen.

Sich geistig zu fördern bedeutet auch geistige und körperliche Aktivität, was man mit einem besseren Lebensgefühl, Ausgeglichenheit und Gesundheit gleichsetzen kann. Selbstverständlich ersetzt all das nicht die Vorsorgeuntersuchungen beim Arzt, aber die Selbstheilung im Sinne von Selbsterhaltung ist aktiv und man empfindet viel positiver. Die Vorsorge beginnt bei der Sensibilität und der Achtung der eigenen Person, sich gesund zu ernähren, sich genügend Schlaf zu geben, möglichst keine Gifte in Form von Nikotin und anderen Drogen zu sich zu nehmen, genügend an Flüssigkeit aufzunehmen, also einfach auf sich zu achten, dass der Körper sich wohlfühlt, so ist auch der morgendliche Blick in den Spiegel möglich, und es lohnt sich immer, diesem Bild die nötige Anerkennung zu geben, zum Beispiel mit einem Lob: »Hallo, guten Morgen, gut siehst du aus, hast alles richtig gemacht, sonst wäre es nicht so.« Denn hinter diesem Erscheinungsbild steckt der Mensch, der auch von den anderen Menschen so gesehen werden will. Die eigene Anerkennung zieht die Anerkennung der Menschen nach sich und die Arbeitsaktivitäten werden mehr gewürdigt oder gelobt, sodass die Arbeit nicht als solche empfunden wird, man sie gerne erledigt. Man fühlt sich bestätigt, und aus dem »ich muss« ist ein »ich will arbeiten« geworden.

Ist das, was man tut, noch von Erfolg gekrönt, ist das die Bestätigung, alles richtig gemacht zu haben. So wächst der Lebenswille. Das ist es doch, was wir alle wollen, ein langes, gesundes, Leben, dafür muss man allerdings die Bereitschaft mitbringen und die Weiterentwicklungen annehmen, diese hören nie auf, es sei denn, man geht nicht mehr weiter.

Jeder bestimmt sein Leben, wie er es möchte, lebt nach seinen Bedürfnissen und sollte sich auch durch Andere nicht aufhalten lassen, es geht immer um einen selbst, um den eigenen Lebensweg, der nicht immer identisch ist mit dem, was die Anderen tun. Was für den Einen richtig und gut ist, ist für den Anderen nicht angesagt. Hier trennen sich die Wege der Menschen. Manchmal begleitet man sich ein Stück des Weges, um dann festzustellen, dass der Weg für den Anderen zu steinig ist, dann sollte man erkennen und handeln, um sich nicht gegenseitig zu blockieren, das macht auf die Dauer unzufrieden und krank.

Das Haus im Alter

Für viele ältere Menschen ist es schwierig, ihre Wohnsituation zu verändern, vor allem dann, wenn einige Menschen der Meinung sind, die ältere Person beeinflussen zu müssen. Das Haus ist zu groß, zu teuer, zu schwer zu pflegen und so weiter. Diese negativ denkenden Menschen gehen von ihrer eigenen Lebens- und Finanzsituation aus. Wichtig ist es immer, seinen eigenen Bedürfnissen zu folgen. Denn was man sich in vielen Jahren erarbeitet hat, kann man oft erst im Alter richtig genießen. Warum sollte man gerade im Alter auf Komfort und Größe verzichten. Auch hier gilt es, so lange als möglich die Selbstständigkeit zu behalten. Den Grundstein für ein solches Denken und Handeln legt man mit der aktiven Lebensweise von der Jugend bis ins Alter fest. Es ist eine Sache des Selbstwertes und des gewohnten Lebensstandes, der gerade im Alter eine große Priorität haben sollte. Das biologische Alter ist uninteressant, solange man sich nicht alt und minderwertig fühlt. Wer lange alles selbst regelt, sich nicht für alles Hilfe holt, hat die besten Möglichkeiten, ein komfortables, schönes, reiches Leben zu führen, bei dem es wichtig ist, die Lebensherausforderungen als Weiterentwicklung anzunehmen, nicht stehen zu bleiben, sondern wie in der Arbeitsphase aktiv am Leben teilzunehmen. Geistige Aktivitäten in den Vordergrund zu stellen, wie zum

Beispiel den Einkauf ohne Zettel zu tätigen, gute Bücher zu lesen, sich sportlich aktiv zu betätigen. Viele Gespräche zu führen und wenn möglich die Spaziergänge oder Ausfahrten mit dem eigenen PKW vorzunehmen.

Alles ist möglich, wenn man nur will. Was wollen Sie?

Die richtige Lebenseinstellung zu finden ist sicher auch oft abhängig von den familiären Umständen, so können Trennungen, Krankheit oder andere Sorgen das »ich will« sehr beeinträchtigen oder einen sogar selbst krank machen. Aber auch gerade hier gilt es, seinen Weg nicht zu verlassen, sich den Situationen zu stellen und sich nicht zu stark gefangen nehmen zu lassen. Denn eines steht fest, es geht im Leben immer weiter, auch dann, wenn es oft nicht danach aussieht.

Allein sein im Alter

Viele Menschen beklagen die Einsamkeit, einsam ist aber nur derjenige, der sich zurückzieht, nichts aus seinem Leben macht, alles oben Beschriebene ignoriert, sich in die Krankheit begibt, um Aufmerksamkeit zu bekommen. Das geschieht nicht immer bewusst, sondern man ist geschwächt von dem, was geschehen ist, man gibt dem Durchlebten zu viel Macht, man resigniert, hadert mit sich und der Umwelt. Diese Situation kann große Ausmaße annehmen und hat nicht selten psychische Folgen. Man fühlt sich allein. Es sind meist die Lebenseinschnitte, die dazu führen, sich so zu verhalten. Es ist eine Gratwanderung, die wir durchlaufen. So ist es immer wichtig, egal wie schwer die Lebenslage zurzeit ist, sich auf die Sonnenseite des Lebens zu stellen. Durch Selbstmotivation ist es erreichbar. Durch Eigensuggestion lässt sich die größte Hürde nehmen.

Das Gehirn nimmt das war, was wir ihm geben, wir leben genau danach. Geben wir ihm, mir geht es nicht gut, ich habe Schmerzen, Sorgen, sonstige Nöte, zeigt der Körper genau das an.

Die positive Wandlung aller Geschehnisse lässt sich also verändern, durch unsere Gedanken oder das laut ausgesprochene Wort. Oder den Brief an die betreffende Situation. So wird die Handlung positiv ausfallen. Wir haben es also selbst in der Hand, wie wir leben und handeln wollen. Der Selbstwert bestimmt die Lebensweise und man zeigt sich handlungsfähig, zahlungsfähig, erwerbsfähig, anerkannt und bestätigt von vielen Menschen. Die geistige Beweglichkeit führt zur körperlichen Beweglichkeit. Je mehr verarbeitet wird, damit ist das Ausreinigen der alten Erbstrukturen gemeint, desto gesünder, beweglicher ist man. Der Körper signalisiert alles, was ihn stört durch Unwohlsein, Trauer, Schmerzen. Wer auf sich achtet, kann mit der Wahrnehmung schnell reagieren und die Negativenergien in positive Energien wandeln und so sehr viel tun, um gesund zu bleiben oder zu werden. Das ist mit dem positiven Denken gemeint. Es reicht aber nicht aus, die besonderen Situationen einfach beiseitezuschieben, diese müssen abgehandelt werden. Diesen Prozess signalisiert der Körper dann wieder mit Hitze- oder Kältewellen. Aber auch über Trauer, Weinen und Freude. Für den Körper ist diese Ausreinigung Schwerstarbeit. Es ist aus diesem Grunde nicht sinnvoll, Diäten vorzunehmen, um den Körper nicht noch mehr zu schwächen. In diesen Zeiten ist also völlig normal, dass man sich etwas zurückzieht, um die Familie und Freunde nicht zu belasten. Leider wird das oft negativ aufgenommen, oder man versucht denjenigen zu überreden, Dinge zu tun, die aus den Augen der Anderen normaler erscheinen. Besser ist es aber, für sich selbst zu entscheiden, denn die Aktivitäten, die einem gerade jetzt zu viel sind, führen dazu, dass man sich noch schlechter fühlt, als es in Wirklichkeit ist, das belastet doppelt. Es ist immer auch ein Zeichen dafür, dass die Menschen sich nicht in die Lage des

Anderen versetzen können, es gut meinen, aber falsch handeln. Ist ein Prozess abgeschlossen, öffnet man sich wieder für die Gemeinschaft. Mit diesen Ausreinigungsprozessen verändert man sich selbst, oft aber auch die Lebens- oder Berufssituation und somit auch den Bekanntenkreis. Diese Prozesse können durch die Einnahme von Medikamenten überdeckt werden, eventuell herausgezögert, aber nicht gänzlich aufgehoben werden. Beim Absetzen der Medikamente ist die Situation wieder voll da. Die Natur ist eben stärker und gibt uns durch die Ausreinigung die Möglichkeit, auch im Alter ein gesundes, schönes und, wenn man will, auch reiches Leben zu führen. Es ergibt sich ein neuer Freundeskreis.

Es findet zusammen, was zusammenpasst, alles andere geht. Wenn man in der Lage ist, diese Ausreinigungszeit bewusst zu durchleben, sie als normal annimmt, mit allen Höhen und Tiefen, den Wandel des Lebens, den wir von der Zeugung an durchlaufen. Es trifft jeden in jedem Alter und auf seine spezifische Art und Weise, es ist das Päckchen, was jeder trägt und bearbeiten muss. So erklärt sich auch, dass Kinder und Jugendliche unter den Schwankungen zu leiden haben, wann und in welchem Alter was gereinigt wird, entscheidet die Natur und öffnet das Unterbewusstsein, den Ort, wo die alten Erbstrukturen gelagert sind. Alles, was freigesetzt wird, entspricht der eigenen Person und somit sollte man keine Angst vor diesen Prozessen haben. Es ist aber gut, sich professionelle Hilfe zu holen, wenn die Anforderungen zu extrem werden und man sich nicht mehr einschätzen kann. Ärzte und Psychologen stehen gerne zur Verfügung. Die letzte große Ausreinigung, die wir als die

Wechseljahre bezeichnen und wahrnehmen, ist die mit den größten körperlichen Symptomen, gekoppelt mit den äußeren Anzeichen des Alters, gemeint sind die grau werdenden Haare, die dünner werdenden Haare, die ersten Falten, die rundlich gewordene Figur, die Gewichtszunahme. All das mit den eventuell vorhandenen Schmerzen, die meist durch durchlebte Verletzungen, verbaler oder körperlicher Art auf sich aufmerksam machen. Alles zusammen macht irgendwie unzufrieden und bereitet uns auf den großen Wandel vor, der viele Jahre dauern kann und uns an die Natürlichkeit erinnert, aus der wir erwachsen sind, den lebenden Zellen, die jetzt ihre Aufmerksamkeit fordern und um Anerkennung und Lob bitten und nicht verachtet werden wollen. Wer sein Leben in allen Lebenslagen bejaht, die Höhen und die Tiefen akzeptiert, kann gestärkt und motiviert weitergehen und so die immer wieder wechselnden Jahreszeiten in ihren allerschönsten und hellsten Farben annehmen.

*

Dieses Buch ist eine Zusammenfassung einer jahrelangen Praxiserfahrung im Umgang mit vielen Menschen, die ich ausgebildet oder beratend begleitet habe. Es handelte sich um Menschen unterschiedlichen Alters in unterschiedlichen Lebenssituationen, die sich in ihrer Persönlichkeit aufgebaut haben und so den Weg in die Selbstständigkeit gefunden haben. Übergibt man der Jugend zu früh die Vollmacht über ihr Leben, indem man zu viel Hilfe annimmt, in den Bereichen, wo man sich nicht mehr der Verantwortung stellt, gibt man sich stückweise auf. Man fühlt sich eingeengt, irgendwie falsch behandelt und unzufrieden. Zum Ziel führt nur der Alleingang, die Kontrolle der eigenen Belange nicht aufzugeben, seine eigenen Entscheidungen in voller Verantwortung zu treffen. Der Meister seines Lebens zu sein. So hat jeder Mensch seine Ziele und seine Möglichkeiten, das Tor zum Erfolg zu erreichen.